AF194853

nebelgesichter
of CYDONIA
darkness
pit vogt

3

Texte: PiT VoGT
Design: Jack En Tii

Herstellung und Verlag:
BoD - Books on Demand, Norderstedt
ISBN 978-3-7526-7282-4

Vorwort

Hinter Nebelschleiern erkennen wir nur skizzenhafte
Schemata. Sie sind wie Schatten und sie sprechen nicht. Sie
jagen uns Angst ein. Sie sind da, doch wir wissen es nicht so
genau.
Alles, was wie Nebel ist, scheint uns wie ein Irr-Bild.
Wir können nicht hinter diesen Nebel sehen, erkennen
nichts mehr.
Ist da etwas?
Ist das alles normal?
Ein Mensch erscheint – wir sehen ihn – manchmal staunen
wir – manchmal sind wir bestürzt.
Doch wir können nicht hinter seine Fassade schauen.
Wir sehen nur ein Bild, doch es sind viele Bilder da vor uns.
Das wahre Gesicht sehen wir dann nicht, es verbirgt sich
hinter einem Schleier, hinter einem Nebelschleier.
Nur wenn wir verstehen können, wenn wir nachdenken,
wenn wir das ganze Bild betrachten, dann können wir
vielleicht den wirklichen Menschen erkennen.
Nur dann, aber oft gibt es dieses „nur dann" nicht.
Und dann bleibt der Mensch verborgen und verschwindet
Stück um Stück in einem Schleier, in einem milchig-matten
Nebelschleier.

Nebel in der Ferne
Wo Cydonia ist
Jenseits aller Sterne
Dunkelheit und Wärme
Ungewissheit, List

Alles wird entstehen
Was Cydonia macht
Nebel werden wehen
Kommen und Vergehen
Wo das Fremde wacht

Nebelgesicht

Im Nebel sah ich ein Gesicht
Es sah mich an
Schwieg ohne List
Sah seine Augen auch, mehr nicht
Dort nah am Wald
Wo's einsam ist

Es lächelte und ging vorbei
War schon vorüber
Irgendwann
Die Zeit davor schien einerlei
Nur Regen fiel ins Gras sodann

Ich suchte es
Doch es blieb fort
Ein Sturm verwehte Baum, Strauch,
Mich
An jenem märchenhaften Ort
Bliebs eine Täuschung sicherlich

Der Nebel wabert übers Feld
Er macht Gesichter
So und so
Ob Sehnsucht ihn zusammenhält
Scheint traurig er
Vielleicht auch froh

Nur Nebel formte ein Gesicht
Und nahm es fort
Oft denk ich dran
Viel später dann jenseits vom Licht
Fiel Regen sanft ins Gras
Sodann

Heimkehr
(Ein Wort nur)

Er sagte nur:
Komm, es ist gut
Und ich war da
An jenem Ort
Er sagte es
Das machte Mut
Ich fühlte nichts
Nur kaltes Blut
Und hatte kaum ein kluges
Wort

Ich schimpfte bald
Auf ihn
Auf mich
Und war so weit
Ganz weit vom Glück
Es trieb mich fort
Ganz sicherlich
In jene Welt
Die fürchterlich
Vom Leben
Ach
Wollt ich ein
Stück

Ich kam zurück
Mit Narben
Ja
Und ging zu ihm
Mit schwerem Blut
Er war nicht fort
Er war noch da
Er sprach erst nichts
Als er mich sah
Und dann sprach er
Komm, es ist gut

Chorus

Es war der Chor der Toten
Der Chorus aus dem Grab
Er hatte Hufe, Pfoten
Er war nicht mal verboten
Weil es den Sinn nicht gab

Schnell fing er an zu singen
Und schwebte übers Land
Wo gute Menschen gingen
Da hingen tausend Schlingen
Da schien das Glück verbannt

Er schaffte neue Viren
Die brachten Leid und Tod
Und wo sie hingetrieben
Nach West, Ost, Nord und Süden
Ward bald zu Gift manch´ Brot

Der Chorus doch sang weiter
Die halbe Welt schon starb
Noch schien das Wetter heiter
Und niemand ward gescheiter
Der Singsang klang apart

Mit Hass und Wut und Kälte
Zog schnell voran der Chor
Er huldigte dem Gelde
Er liebte Angst und Schelte
Manch´ Hoffnung starb im Moor

Doch dann schlug jene Stunde
Da ward der Chor zu Staub
Da heilte manche Wunde
So stark die Welt,
Die runde
Und keiner blieb mehr taub

Der Chorus all der Toten
Fiel bald zurück ins Grab
Die Viren, Hufe, Pfoten
Hat man recht schnell verboten
Weil es den Sinn jetzt hat

Der letzte Sommer

Am See unter den Weiden
Wollt ich so gern noch bleiben
Der Wald rauscht in der Nähe
Was immer ich auch sehe
Ist dieser schöne Sommer
Ist dieser letzte Sommer

Da klingts nach Abschied leise
In mir erklingt die Weise
Von alten Zeiten,
Tagen
Von Freuden und von Klagen
Es ist ein warmer Sommer
Es ist der letzte Sommer

Es ziehen Regenwolken
Und wo einst Tränen rollten
Ist nur ein sanftes Schweigen
Ich wollt so gern noch bleiben
Doch endet bald der Sommer
Es ist der letzte Sommer

Lass und noch einmal träumen
Von Mandel-Apfelbäumen
Lass uns den Wind noch spüren
Nein, nichts werd ich verlieren
Es ist ein guter Sommer
Es ist der letzte Sommer

Dort bei den alten Weiden
Da enden jene Zeiten
Hier bleiben wir zusammen
Wo Heimatlieder klangen
Es waren viele Sommer
Es war der beste Sommer

Parkplatz

Am Parkplatz an der Autobahn
Da trifft sich Klein und Groß
Und Jung und Alt
Dort fängt so manches Leben an
Und endet auch so dann und wann
Am Parkplatz, da, am dichten Wald

Der Parkplatz ist nicht klein, nicht groß
Da stehen Bänke nur,
Zwei Stück
Da blüht kein Enzian, kein' Ros'
Da sieht man nur manch' grünes Moos
Da gibt's Enttäuschungen
Und Glück

Kein Mensch bleibt lang an jenem Ort
Man kommt und geht und fährt davon
Dort wechselt man manch' kurzes Wort
'Ne kleine Mahlzeit auch
Und Sport
Dort ist man auf der Reise schon

Am Parkplatz an der Autobahn
Ists sonnig, warm
Ists kühl und nass
Dort fährt wohl jeder einmal ran
Ein winzig' Punkt für Kind, Frau, Mann
Ein Platz so zwischen Job und
Spaß

Erkenntnis

Wie schön wärs, mit dem Strom zu schwimmen
All das zu tun
Was jeder tut
Dann würde wohl so viel gelingen
Dann hätte ich ganz neuen Mut

Das tun, was alle machen würden
Und „Ja" zu sagen
Immerzu
Und zu umgehen alle Hürden
Dann hätte ich die beste Ruh

Und Kriege gäbe es wohl nimmer
Weil jeder tut
Was jeder will
Es würde schöner
Und nicht schlimmer
Ein jeder wär zufrieden still

Doch gäbe es kein echtes Leben
Nur Eintracht – nein – das macht nicht froh
Man muss sich´s manchmal richtig geben
Denn wahres Leben ist nur so

Das Leben ist kein Strom für alle
Wer wirklich lebt
Biegt ganz schnell ab
Dies Leben geht in jedem Falle
Recht krumm und schief und niemals
Glatt

Nur weil wir aneinander reiben
Entsteht viel Großes
Lebt der Tag
So muss und wird es ewig bleiben
Weils Leben Berg und Täler hat

Erkenntnis

Ich konnte niemals sagen:
Komm setz dich her und bleib
Ich durfte niemals fragen
Und niemals lieben, wagen
Es war wohl nie die Zeit

Ich durfte selten sagen:
Ich habe jetzt Erfolg
Ich konnt es selten wagen
Wohl war es mein Versagen
Mein Ring war nie aus Gold

Ich sollte niemals sagen:
Ich lebe gern und
Jetzt
Ich konnt es selten wagen
An manchen Nächten,
Tagen
Ward ich zu oft verletzt

Die Liebe und das Leben
Für mich vom Traum kein Stück
Da war zu wenig Segen
Vom Wind sollt wohl verwehen
Das allzu große
Glück

Betrachtung

Schaust du in die engen Straßen
Siehst du Leid und Not und Dreck
Überall die Menschen hassen
Glück ist hier wohl kaum zu fassen
Gott ist nur zum Pöbel nett

Bist du dumm, ein Krimineller
Hast du Chancen,
Kommst groß raus
Dann läuft alles toll und schneller
Ehrlichkeit haust tief im Keller
Und es herrscht längst Angst und Graus

Rotlichtgrößen, Drogen, Diebe
Sind die Stars in dieser Welt
Bist du arm, dann gibt es Hiebe
Nur für Geld gibt's Leben, Liebe
Die Gesellschaft fällt und fällt

Und mit deiner Hände Arbeit
Wirst du niemals Millionär
Längst erwacht in dir die Klarheit:
Du bist nichts, liebst du die Wahrheit
Nur als Lügner läuft nichts quer

Assi-Mob kriecht durch die Gassen
Korruption beherrscht die Zeit
Und die Bonzen keifen, prassen
Heimat ist nicht mehr zu fassen
Wann, sag wann bist du befreit

Nur die Insel deiner Seele
Birgt von deinem Traum ein Stück
Frisches Wasser kühlt die Kehle
Und du weißt:
Ich geh, ich gehe ganz weit fort
Zu meinem Glück

Annäherung

Man sagt, er brachte Menschen um
Ein Serienkiller, ziemlich fies
Man sagt, er sei sehr roh und dumm
Ich weiß – er brachte Kinder um
Sein ganzes Wesen – *total mies*

Ein Mann, so um die zwanzig Jahr
Nicht hässlich, dick, kein Supermann
Den Leuten ist wohl alles klar
Mir scheint so vieles sonderbar
Was dachte er so dann und wann

Zwei Jungen hat er umgebracht
Er hats gestanden
Sitzt jetzt ein
Er wird jetzt ziemlich schwer bewacht
Weil er sie eiskalt umgebracht
Im Knast will niemand "Mörder" sein

Ich melde mich beim Staatsanwalt
Denn ich will sprechen mal mit ihm
Er hat gemordet tief im Wald
An einem Tag, der bitterkalt
Sein Leben macht wohl kaum noch Sinn

Drei Tage später dann im Knast
Sitzt er mir gegenüber schon
Ich schau ihn an – er scheint so blass
Das Fenster wischt ein Regen nass
Er ist so jung
Wie manch´ ein Sohn

16

Sein Blick ist trüb
Er weicht mir aus
Will er nicht sprechen über *„Das"*
Da ist kein Teufel
Auch kein Graus
Doch ist er keine zahme Maus
Ich frage ihn: „Wieso, wie, was"

Durchs Fenstergitter flieht sein Blick
Kaum eine Regung spür ich, nichts
Vielleicht ist es auch nur ein Trick
Vielleicht ist ängstlich er ein Stück
In diesem Knast
Jenseits des Lichts

Zwei Wärter stehen vor der Tür
Die sind recht mächtig, stark und groß
Der Junge auf dem Stuhl vor mir
Scheint bleich und schwach
Kein wildes Tier
Die Hände zittern ihm im Schoß

Dann spricht er leis, so zaghaft, schwer
-Er hörte Stimmen laut in sich-
Ganz tief in ihm wards da so leer
Er sagt, er tut so was nie mehr
Doch tröstet das nicht ihn
Nicht mich

Ich denk, als er so mit mir spricht
An seine Opfer, die jetzt tot
Sie hatten Mütter sicherlich
Die leiden jetzt so fürchterlich
Er brachte so viel Leid
Und Not

17

Wie hält man's aus, frag ich mich nur
Wie kann man das ertragen, wie
Er sagt es nicht
Ist er zu stur
Ist da von Reue keine Spur
Schläft man des nachts als Mörder nie

Doch alles, was er sagt und meint
Verwischt, verschwimmt im Zimmer hier
Als er dann vor mir kniet und weint
Als er kein Mörder und kein Feind
Ist selbst er Opfer – *ohne Zier*

Die Zeit verrinnt, ist bald vorbei
Man führt ihn fort
Man faucht ihn an
Noch einmal schaut er – *einerlei*
Die Uhr zeigt nachmittags um 2
Er ist ein Junge doch
Kein Mann

Allein bleib ich im Raum zurück
Steh langsam auf und schau und schweig
An diesem Ort, so fern vom Glück
Begreif ich nichts
Kein einzig' Stück
Beinah tut er mir sogar leid

Wie seine Opfer – tot, vorbei
So starb er selbst – fort, wegradiert
Sein Leben sinnlos, aus, ein Schrei
Nie wieder Menschsein
Nie mehr frei
Nur noch ein Wesen, das erfriert

Die Leute rufen: „Tod dem Schwein"
„Wozu noch Knast für solchen Dreck"
Ich fühl mich ratlos – muss das sein
Doch wer vergibt
Macht man sich klein
Erfüllt die Todesstraf' den Zweck

Viel später schreib ich den Bericht
Und weiß nicht, wie ich's schreiben kann
Der Regen wäscht das Fensterlicht
Als man im Radio plötzlich spricht:
Er hat erhängt sich
Irgendwann

Eine Frau

Wieder mal den Weg zum Amte
Stolpert sie so gegen 6
Noch ist sie die *Unbekannte*
Stolpert schnell den Weg zum Amte
Das liegt vor ihr links
Dann rechts

Brötchen, Kaffee, diesen lauen
Ein Gespräch kurz auf dem Gang
In die Unterlagen schauen
Wie viel werden sich heut trauen
Und die Zeit scheint ewig lang

Auf dem Stuhl, dem harten, kalten
Nimmt sie Platz, schaut hin und her
Menschen muss sie hier verwalten
Jenen Tag mit Sinn gestalten
Und manch Schicksal wiegt so schwer

Schon kommt rein der erste Kunde
Der sucht Arbeit
Oder nicht
Ziellos starrt er in die Runde
In der Seel klafft ihm 'ne Wunde
Angst sitzt tief ihm im Gesicht

Wut und Hoffnung muss sie kennen
Manchmal Härte auch
Und Mut
Nein, es bleibt kaum Zeit zum Flennen
Manchmal nachts ist Zeit zum Pennen
Oftmals glüht noch *Arbeitswut*

Ja, sie weiß, man liebt sie selten
An dem Ort, wo gar nichts gleich
Jenes Amt der tausend Welten
Wo manch' Regeln kaum noch gelten
Hier wird niemand wirklich reich

Wenn die Kunden dann gegangen
Ordnet sie den Aktenberg
Hier, wo manches unverstanden
Wo sich niemals Menschen fanden
Schaut sie plötzlich recht verklärt

Packt die Tasche und hält inne
Ob sich das mal ändern wird
An der Decke eine Spinne
Leis tropft Regen aus der Rinne
Alles scheint total verkehrt

Sollt sie wirklich einsam bleiben
Haus und Auto
All dies Zeug
Kommen auch mal bessre Zeiten
Ohne Klar- und Ebenheiten
Ohne künstlich-glatter Freud

Doch dann wischt sie sich die Augen
Aus der Haut kommt sie nicht raus
Dieser Traum vom Meer, dem blauen
Schon versunken
Kaum zu glauben
Schnell trinkt sie den Kaffee aus

Stumm nimmt sie vom Eisenhaken
Ihren Mantel
Ihren Schal
Zwischen Mondlicht, Mücken, Schnaken
Wird sie durch den Regen waten
Morgen früh
Und wieder mal

21

Schneesturm

Sie fragte ihn:
Wo willst du hin
Erstarrt sah er ihr ins Gesicht
Es hatte wohl auch keinen Sinn
Er wollte fort
Egal
Wohin
Und trübe schien das Kerzenlicht

Er zog sich an,
Lief schnell hinaus
Ein Schneesturm kühlte sein Gesicht
Im Eiswirbel nicht Mann,
Nicht Maus
Es war so kalt,
Ein wahrer Graus
Am kleinen Bahnhof brannte Licht

Auf Bahnsteig 3
Stand noch ein Zug
Der Schnee verwirbelte die Zeit
Ein Alptraum
Oder
Selbstbetrug
Vom Alltag hatte er genug
Für eine Nacht
Vom Zwang befreit

Ein junger Mann mit schwarzem Schal
Kam auf ihn zu,
Umarmte ihn
Sie sahen sich das erste Mal
Und küssten sich ganz ohne
Qual
Und plötzlich machte alles Sinn

Vom Schneegestöber eingehüllt
Da liebten sie sich
Heftig, heiß
Manch´ ferner Traum schien da erfüllt
Ein Liebesbrief
Im Schnee zerknüllt
Die Liebe schmolz die Nacht,
Das Eis

Bleibst du bei mir – so fragte er
Der andere Mann blieb still und
Schwieg
Noch einen Kuss,
Der leicht und
Schwer
Dann war der Bahnsteig menschenleer
Und niemand aus dem Zug mehr stieg

Der Schneesturm fauchte dumm und
Klug
Der Zug fuhr ab
Ins Nirgendwo
War alles nur ein Selbstbetrug
Wenn man vom Alltag hat genug
Gibt's Leben nur im
Anderswo

Er schlug den Kragen hoch und ging
Ihm war nicht kalt
Auf Bahnsteig 3
Der Schneesturm sich im Nichts verfing
Ein bisschen Liebe nur,
Ein Sinn
So vieles scheint oft
Einerlei

Noch einmal drehte er sich um
Da war kein Zug,
Kein Mann,
Kein Kuss
Die Flocken wirbelten recht krumm
Er lief nach Hause
Lächelnd,
Stumm
Weil das so ist
Weil man´s so
Muss
?

Stilles Ende

Schikaniert vom Arbeitsamt
Sitzt die Mutter weinend da
Ach, ihr Mann ist weggerannt
Und es zittert ihr die Hand
Auch 2 Kinder sind noch da

Stark gekürzt ward ihr das Geld
Nur die Miete zahln sie noch
Was für eine kalte Welt
Wo der Mensch nicht mehr viel zählt
Wo vom Leben bleibt ein Loch

Zynisch die Vermittlerin
Arbeit jedoch hat sie nicht
Stempeln macht doch keinen Sinn
Grinsend die Vermittlerin
Mit dem glatten Angesicht

Die Regierung feiert sich
Angeblich gibt's Arbeit satt
Schwätzen vornehm,
Vorbildlich
Haben Geld und Job und Licht
Feiern jeden guten Tag

Schweigend sitzt die Mutter da
Denkt an ihre Kinder nur
Plötzlich wird ihr sonnenklar
Dass ihr niemand hilft fürwahr
Traurig schaut sie auf die Uhr

Als sie geht,
Schließt sie die Tür
Nimmt die Kinder an die Hand
Es ist nachmittags um 4
Doch nach Hause geht's nicht mehr
Mit dem Bus ins Nimmerland

Und sie fahren bis zum Fluss
Der sich schlängelt unterm Steg
Ja, sie weiß:
Ab hier ist Schluss
Starrt in diesen wilden Fluss
Weils wohl nicht mehr weitergeht

Fort der Bus,
Es ist sehr still
Nur die Kinder fragen leis
Nein, sie weiß nicht, was sie will
Nirgendwo ein echtes Ziel
Nur die Welt,
Die kalt wie Eis

Nimmt die Kinder in den Arm
Springt mit ihnen in den Fluss
Drüber fliegt ein Vogelschwarm
Dort, wo einst noch Wünsche warn,
Ward ein Grab,
Ein stiller Schluss

Dann zeugt gar nichts mehr von ihr
Fort ein Mensch,
Zwei Kinder tot
Fünf Minuten ist's
Nach 4
Eine Hoffnung gibt's nicht mehr
Und der Fluss verschweigt die
Not

Nachsatz:

Wo blieb Gott an jenem Tage
Wo ein Mensch,
Der helfen sollt
Übrig bleibt so manche Frage
Übrig auch manch´ schmerzend´
Klage
Nur ein ferner Donner
Grollt

Ohne Worte

Es war am Rand der großen Stadt
Da lebte er mit sich allein
Dort, wo die Welt nichts Warmes hat
Hat er gelebt, allein, nicht satt
Er wollt es nicht
Es musste sein

So manchen Joint am Morgen schon
Den er gefunden irgendwo
Er triebs mit manchem Hurensohn
Für wenig Geld
Was macht das schon
Ein Stückchen Leben
Oder so

An einem Tag, der anders schien
Fand er den Mann
Der ihm gefiel
Er zog mit ihm mal her,
Mal hin
Es machte alles einen Sinn
Vielleicht war das sein neues Ziel

Der fremde Kerl hat ihn gemocht
Er fand ihn lustig sicherlich
Er hatte ihm mal was gekocht
Dort, wo der Specht ins Holze pocht
Da sagte er: "Ich liebe dich"

In seinen Armen träumte er
Von manchem Glück
Vom fernen Land
Mit diesem Mann ans blaue Meer
Ein Stückchen Leben, das nicht leer
Ein bisschen nur die fremde Hand

Doch irgendwann als Regen fiel
War jener Fremde plötzlich fort
Und wieder neu
Das alte Spiel
So arm und einsam, ohne Ziel
An einem kalten, stillen Ort

Ein Stückchen Hoffnung war da noch
Er dachte an den Fremden oft
Das hielt ihn fern
Von manchem Loch
Das schmolz dahin ganz sacht jedoch
Manch´ Träne aus den Augen tropft

Bald zog er weiter seinen Weg
Am Rand der Stadt mit seinem Joint
So Vieles schien vom Wind verweht
Sein Leben wohl total verdreht
Auf keiner Suche nach ´nem Freund

Ein Husten quälte plötzlich stark
Das Blut lief ihm aus Nas´ und Mund
Der Hölle nah an Nacht und Tag
Er hielt sich noch
Hat nicht geklagt
Sein Leib so krank
Die Seele wund

Halbtot und schwer
Fast wie ein Stein
Versank er unterm Blätterdach
Am Rand der Stadt
So sollt es sein
Nur er, sein Traum, der Mondenschein
Noch nie war er so hell und wach

Es war am Rand der kalten Stadt
Als er die Augen leise schloss
Dort wo der Wald noch Träume hat
Verschwand er still
Vom Leben matt
Ein Stückchen Hoffnung
Gar nicht groß

Die eine und die andere Frau

Am Straßenend' der dunklen Stadt
Da lebte sie, so ziemlich schlecht
Da, wo kein Name Namen hat
War sie in Not
In jener Stadt
Sie schaffte an – mehr schlecht als recht

Das Geld zu knapp, die Sorgen groß
Manch' Wünsche lange nicht mehr da
So viele küssten ihren Schoß
Oft dachte sie: „*Was mach ich bloß?* "
Und es geschah, was da geschah

Am *andern* Ende jener Stadt
In einem Festsaal riesig, schön
Saß die Ministerin am Tisch
Es gab viel Schampus, Creme und Fisch
Wild wollt sie sich im Tanze drehn

Weit alle Sorgen, weit die Not
Sie hatte Geld und Macht und Freud
Nie war da Angst ums *Täglich-Brot*
Und ihre Lippen glänzten rot
Ach, aller Ärger lag so weit

Doch plötzlich ward es schwindlig ihr
Sie stürzte, fiel und lag so da
Es war des Nachmittags, nach 4
Da ward es plötzlich übel ihr
Man brachte sie ins Krankenhaus

Auch jene Vorstadt-Lady fiel
Ihr ging's so schlecht wie selten mal
Ihr Freier floh, ganz ohne Stil
Er zahlte nicht
Es war nicht viel
Ihr ging's nicht gut – was für 'ne Qual

31

So lagen beide Frauen dann
Im Krankenhaus nur Wand an Wand
So dicht an dicht und nebenan
Warn sie sich ziemlich nah sodann
Die eine bald zur andern fand

In jener Nacht, der Mond stand hoch
Da schlichen heimlich sie sich raus
Ein Mondlicht übern Parke kroch
Die beiden Frauen
Kränklich noch
Sie trafen sich im Park am Haus

Zwei Blicke musterten den Ort
Zwei Welten in der Dunkelheit
Noch fiel kein Satz
Noch fiel kein Wort
Zwei Frauen zwischen *Hier* und *Dort*
Und alles Schicksal schien so weit

Sympathisch fanden sie sich bald
Sie sprachen über dies und das
Zwar war die Dunkelheit recht kalt
Doch fühlten sie sich jung, nicht alt
Hier draußen zwischen Nacht und Spaß

Wenn auch die Unterschiede stark
Warn sie da draußen ziemlich gleich
Sie fühlten sich so leicht und stark
In jenem kleinen Schicksals-Park
Dort zählte weder Arm
Noch Reich

Todmüde schlichen sie zurück
In ihre Zimmer, ihre Welt
Für kurze Zeit ein wenig Glück
Vom Leben auch ein kleines Stück
Ein wenig Menschsein, das noch zählt

32

Nach einem Jahr
Zur gleichen Stund
Sahn sich die Frauen irgendwo
Sie schienen leicht und auch gesund
Geändert war längst Job, Mann, Hund
Fürs neue Leben
Einfach so

Gemeinsam wanderten sie aus
Ins ferne Land
Wo´s warm und blau
Vorbei manch´ Armut,
Saus und Braus
Sie bauten sich ein Ranger-Haus
Die eine und die andere Frau

Die Wärterin

Im Spiegel sieht sie ihr Gesicht
Im Knast-Büro am Rand der Zeit
Es ist nicht hell
Gefängnislicht
Die anderen verstehn sie nicht
Die Freiheit nah
Und doch so weit

Gleich Einschluss und dann muss sie raus
Die Häftlingsfrauen wollen viel
Hier drin in diesem engen Haus
Sieht Vieles so viel anders aus
So manches dort ist ernst, nicht Spiel

All ihre Sorgen sind nicht da
All das verbirgt sie gut und schlecht
Hier drin im Knast scheint vieles klar
Für andere ist sie wohl Star
Sie ist es nicht
Sie ist nur echt

Sehr streng scheint sie – ihr Ton recht hart
Unmissverständlich, was sie will
Und draußen wird sie auch nicht zart
Ein Wechsel zwischen hart und smart
Und manchmal wird sie ziemlich still

Ist Haar – ganz kurz
Und auch schon grau
So viele Sorgen sieht sie oft
Vielleicht ist sie 'ne starke Frau
Man hört auf sie
Sie ist genau
Bis an die Seel die Sehnsucht klopft

Und wenn sie weint, dann sieht man's nicht
Im Knast sind Tränen sehr verpönt
Gleich Einschluss, das verpasst sie nicht
Im seltsam müden Knast-Flur-Licht
So Vieles klar
Und nichts geschönt

Noch schaut sie in den Spiegel
Schweigt
Ist dieser Knast schon ihr Zuhaus'
Da ist nicht viel, was da noch bleibt
Ein klares Leben
Sie ist frei
Gleich Einschluss
Und sie muss jetzt raus

Familiendrama

Sie lebte gut am Waldesrand
Mit Kindern, Gartenteich und Job
Ein schönes Haus dort, auf dem Land
Jetzt ist sie tot
Was für ein Schock

Man fand sie hinterm Haus
Im Teich
Das Wasser war vom Blut so rot
Sie war erfolgreich
Doch nicht reich
Man schoss sie nieder
In den Tod

Vom Mann war sie schon lang getrennt
Die beiden Kinder noch sehr klein
Den Nachbarn war sie niemals fremd
Sie war sehr nett
Trank manchmal Wein

Doch eines Tages in der Nacht
War da ein Fremder
Wars ein Freund
Hat Zutritt sich zum Haus verschafft
Ein Schuss, kein Schrei
Und ausgeträumt

Man fragte alle Nachbarn aus
Doch keiner hat den Mord vollbracht
Jetzt steht es leer, das kleine Haus
Und dunkel wird's dort in der Nacht

Da fand die Waffe man im See
Daran ein winzig kleines Schild
Als fiel der erste Winterschnee
Hat sich der letzte Fluch erfüllt

Die Schusswaffe war registriert
Auf einen Mann
Den Ehemann
Wohl hat er alle angeschmiert
Er kam und hasste
Schoss sodann

Man nahm ihn fest
Und er gestand
Er wollt die Kinder ganz für sich
Als er die Kleinen nirgends fand
Hat er geschossen
Fürchterlich

Sie war an einem falschen Tag
Am falschen Ort
Zur falschen Stund
Ihr Mann wollt alles, ohne Frag
Er war nicht krank
Und nicht gesund

Er weinte, als er das gestand
Die Kinder kamen schnell ins Heim
Ab jenem Tag, als man sie fand
Sollts niemals mehr wie früher sein

Nur eine Meldung im TV
Ein Drama irgendwo im Land
Sie war 'ne Mutter
Eine Frau
Ein Schicksal nur
Am Waldesrand

Schneefall in der Bucht

Der Wind pfeift über Baum und Strande
Die Gräser wiegen her und hin
So einsam ist's hier auf dem Lande
In jener Bucht
Im Ufersande
Und Schnee treibt übers Meer dahin

Da sind so viele Traurigkeiten
So manche Träne rinnt dahin
Ich wollte fliehen in die *Weiten*
In dieser Bucht lass ich mich treiben
Ach, irgendwie zerschellt mein Sinn

Such nach der Heimat, die mir fehlte
Da war so vieles schlimm und fremd
Und als ich mich tagtäglich quälte
Hab' ich vergessen, was noch zählte
Hab' ich gekämpft ums letzte Hemd

Doch fehlte es an Luft und Liebe
So ging ich fort
Kam bald hierher
Wohin es geht
Wohin ich ziehe
Ist noch nicht klar
Jetzt in der Frühe
Ganz tief im Herzen ward es leer

Noch immer friert der Wind den Morgen
Noch immer schau ich übers Meer
Noch immer sind in mir die Sorgen
Schnee fällt am Ufer
Hier im Norden
Und Wolken hängen tief
Und schwer

Das bisschen Leben

„Was ist geschehen", fragte sie
Man wusste nicht mal *wann und wie*
Das Kind lag tot im Garten dort
Der Tag war trüb
Ein schlimmer Ort

Die Mutter schwieg
Sie sagte nichts
Das bisschen Leben – fern des Lichts
Es war doch eine schöne Zeit
Ihr Kind und sie
Ein Glück zu zweit

So viel erlebten sie
So viel
Ihr Kind Zuhause und beim Spiel
Sie schaut' die Fotos lange an
Und weinte auch – so dann und wann

Erinnerungen sind so tief
Das bisschen Leben
Nichts ging schief
Doch traf ihr Kind des Teufels Sohn
Und alle Hoffnung ward zum Hohn

Was ist das Leben?
Was der Sinn?
Warum das Leben?
Wo geht's hin?
Hat Leben irgendeinen Zweck?
Ist es am End' vielleicht nur Dreck?

Sie schwieg!
Sie wusst die Antwort nicht!
Wohin sie ging?
Man weiß es nicht!
Ihr Kind, die Urne nahm sie mit
Vom Leben blieb ihr nicht ein Stück

So oft sucht man nach einem Ziel
Ist Leben ernst?
Ist's doch nur Spiel?
Das bisschen Leben scheint nicht lang
Wohl weint man oft
So dann
Und wann

Am Grab

Was fängt man an allein
Allein
Wenn keiner da ist, den man liebt
Lässt man den Tag, das Leben sein
Was wird nur, wenn man ganz allein
Wenn man den Horizont nicht sieht

Die Menschen kommen
Gehen fort
Ja, man gewöhnt an sie sich schnell
Sie spenden Trost und manch ein Wort
Sie sind lang da
Sie gehen fort
Ein Spatz im Baum singt froh und hell

So vieles geht mir durch den Sinn
Wo werd´ ich sein
Wenn ich allein
Was, wenn ich ewig traurig bin
Wenn tränenschwer ertrinkt mein Sinn
Kann dann mein Herz noch fröhlich sein

Was fang ich an – allein
Allein
Am Grabstein knie ich bis zur Nacht
Lass ich den Tag, mein Leben sein
Wie geht es weiter
So allein
Nur dieser Spatz im Baume wacht

Sehnsucht nach Glogau

Sehnsucht nach dem „*Nicht mehr da*"
Ferne Heimat – irgendwo
Alles da, doch nichts ist klar
Und ich friere einfach so

Damals, als wir flohen, ach
Da war Krieg, der Weg so lang
Nirgendwo ein Heimat-Dach
Tausend Ängste – Trauersang

Meine Heimat gibt's nicht mehr
Längst zerschossen und kaputt
Träume sind so endlos leer
Heimatliebe: Tod und Schutt

Tränenmeer am Oderstrand
Glogau einst so stolz und schön
Jene Heimat dort mal stand
Doch sie sollt im Krieg vergehn

Sehnsucht nach dem Heimatland
Tief im Herzen bleibt es mir
Nirgendwo ich Frieden fand
Nur die Ruh ist ewig hier

Weihnachtsgeschichte

Ein Weihnachtsabend gegen 3
Das junge Paar sitzt unterm Baum
Ein kleines Kind ist auch dabei
Es ist an Weihnacht gegen 3
Was für ein schöner Weihnachtstraum

Gleich gibt's Geschenke reichlich, satt
Das Kind, gespannt, ist voll von Glück
Der Weihnachtsmann kommt in die Stadt
Und bringt Geschenke, reichlich, satt
Und Papa kennt den Weihnachtstrick

Er geht hinaus und lächelt leis
Und sagt noch schnell:
„Gleich ist´s soweit"
Die Spannung steigt, dem Kind wird's heiß
Der Papa lächelt nur ganz leis
Und so vergeht die Stund, die Zeit

Die Mutter nimmt das Kind zu sich
Und streichelt sacht ihm übers Haar
„Wo bleibt der Papa", fragt sie sich
Und nimmt das Kind ganz sacht zu sich
Der Weihnachtsmann ist noch nicht da

Der Abend geht, längst schläft das Kind
Es hat nach Papa kurz gefragt
Vorm Hause streicht ein eisig' Wind
Die Mutter bracht ins Bett das Kind
Und hofft am Fenster voller Klag

Wo bleibt der Papa, wo der Mann
Warum in dieser Weihnachtsnacht
Lang schaut im Spiegel sie sich an
Wo bleibt nur unser Weihnachtsmann
Hat der sich aus dem Staub gemacht

Am nächsten Morgen klingelts früh
Zwei Polizisten stehn vorm Haus
Sie stelln sich vor und fragen sie
Für manche Nachricht ist's zu früh
So sieht kein Weihnachtsmorgen aus

Man fand den Wagen irgendwo,
Zerschellt an einer Häuserwand
Da war das Glatteis, einfach so,
In einer Straße, irgendwo
Den Toten man erst morgens fand

Die Polizisten gehen schnell
Nach Haus, wo Weihnachtsmusik singt
An jenem Morgen wird's nicht hell
Und mancher Tod kommt eben schnell
Manch' Papa nie Geschenke bringt

Das Kind erwacht so gegen 10
Und fragt nach seinem Papa bald
Die Mutter bleibt im Zimmer stehn
Es ist an Weihnacht, früh um 10
Und in der Wohnung ist's so kalt

Sie nimmt das Kind in ihren Arm
Und drückt es fest ans Mutterherz
„Wolln wir zum Weihnachtsmann jetzt fahrn"
Sie hält das Kind ganz fest im Arm
Und schluckt hinunter ihren Schmerz

Und alle Fragen bleiben fort
Es gibt auch keine Fragen mehr
Wo gestern noch ein schöner Ort,
Bleibt aller Weihnachtszauber fort
Der Weihnachtsmann kommt nimmer mehr

Sie steigt ins Auto mit dem Kind
„Komm lass nach Papa uns jetzt schaun"
Es weht nur eisig kalt ein Wind
Sie fährt davon mit ihrem Kind
Auch draußen steht manch´ Weihnachtsbaum

Man sieht sie rasen übers Land
Es fällt der Schnee so weiß und dicht
Sie nimmt das Kind fest an die Hand
Es ist doch Weihnachten im Land
Die nächste Kurve sieht sie nicht

Dann ward es still – *kein Schnee, kein Wind*
Nur einsam steht ein Weihnachtsbaum
Sie stieg ins Auto mit dem Kind
Und wollt zum Weihnachtsmann geschwind
Nur einmal noch den Weihnachtstraum

Und irgendwo zur Weihnachtszeit,
Da wartet manches Kind verzückt
Auf Papa mit dem Weihnachtskleid
Am Himmel hoch zur Weihnachtszeit
Da sind drei Sterne voll von Glück

Ein Schicksal

Es hat geklingelt, früh um 8
Sie hat die Türe aufgemacht
Die Kinder schliefen noch ganz fest
Im Haus vorm Wald, beim Vogelnest

Die Polizei hat nicht gefragt
Es war ein regnerischer Tag
Man nahm den Papa einfach mit
Steuerbetrug!
Zu viel vom Glück!

Sie hielt ihm stets den Rücken frei
Doch er sah nur das Geld dabei
Im Knast gestand er ihr stupid
Dass er schon längst 'ne Andere liebt

Da stand sie nun, allein und arm
An diesem Morgen, der nicht warm
Das letzte Geld war schnell verbraucht
Sie trank nie Schnaps, hat nie geraucht

Beim Einkauf dann im Laden-Eck
War ungedeckt der letzte Scheck
Der letzte Groschen blieb für Brot
Kredit und Konto: alles tot!

Total am Ende und zerstört
Schien ihr das Leben nichts mehr wert
Auf einer Brücke stand sie da
Und wusste nicht mehr, was geschah

Dort unten in dem tiefen Fluss
Schien ihr des Lebens letzter Gruß
Sie wollte springen – setzte an
Da hielt sie fest ein starker Mann

Er zog sie auf den Weg zurück
Und fragte leis: *Ist das dein Glück?*
Sie zitterte am ganzen Leib
Und Tränen tropften auf ihr Kleid

Die beiden fuhren heim zu ihr
Es war um 3, vielleicht um 4
Längst schliefen ihre Kinder tief
In jener Nacht, die krumm und schief

Der Mann blieb bei ihr, half ihr viel
Zunächst war's schwer und gar kein Spiel
Doch irgendwann ging's aufwärts doch
Sie kämpfte sich aus diesem Loch

Bald zogen sie zu ihm ins Haus
Hier sah es ruhig und friedlich aus
Die Kinder liebten diesen Mann
Der neue Papa war's sodann

Am End' bekam sie einen Job
Verdiente wieder, dankte Gott
Ein neues Leben nun begann
Mit ihren Kindern und dem Mann

Da klingelte es in der Nacht
Sie schlich zur Tür sich ziemlich sacht
Ihr Ehemann kam aus dem Knast
Und meinte, dass er viel verpasst

Lang schaute sie ihn schweigend an
War da noch Liebe zu dem Mann?
Sie sagte *„Nein"* und schloss die Tür!
Und es war morgens, gegen 4

47

Am Straßenrand

Ein dunkles Kreuz am Straßenrand
Ich fahr vorbei, es regnet leicht
Die Dämmerung zieht übers Land
Ein mahnend' Kreuz am Straßenrand
Der Weg ist schmal
Und ziemlich seicht

Ich halte an und steige aus
Kein Mensch, kein Auto fährt vorbei
Vorm Kreuze wacht 'ne Stofftiermaus
Ansonsten sieht's recht einsam aus
Ein Wind weht welkes Laub herbei

Ich lese jene Worte dort
Man ritzte sie ins Holze ein
Was für ein schicksalhafter Ort
Der Regen wischt manch' Träne fort
Wer mochte wohl der Junge sein

Er war so achtzehn Jahre jung
Er hatte sicher manchen Traum
In jener Kurve mit viel Schwung
Blieb er nur achtzehn Jahre jung
Blieb er zurück am Straßensaum

Ich streiche übers Kreuz ganz sacht
Es ist vom Regen nass und rau
Die Uhr zeigt abends gegen 8
Sehr lange hab ich nachgedacht
Aus seinem Tod werd ich nicht schlau

Als ich zurück zum Auto geh,
Glaub ich, es winkt mir jemand zu
Noch einmal ich zum Kreuze seh
Und wieder tut's im Herzen weh
Und überall ist's trüb, ist Ruh

Ein kleines Kreuz am Straßenrand
Ich fahr davon
Es regnet stark
Ich hab den Jungen nicht gekannt
Nur blieb sein Kreuz am Straßenrand
Ich hatte eine gute Fahrt

Die Herde

Und die Herde, die zieht weiter
Starker Sturm verweht die Spur
Dieser Winter ist nicht heiter
Und die Herde zieht schon weiter
Schreie halln durch Wald und Flur

Manches Kälbchen friert, ist müde
Bleibt vielleicht schon bald zurück
Es ist kalt und es ist trübe
Doch die Herde wird nicht müde
Kämpft voran sich Stück um Stück

Wölfe harren da am Rande
Haben Hunger immerfort
Doch der Herde wird's nicht bange
Sieht die Wölfe da am Rande
Und zieht immer weiter fort

Doch der Sturm wird immer stärker
Schon bleibt manches Kalb zurück
Auch die Wölfe machen Ärger
Und der Schneesturm wird noch stärker
Bis zum See ists noch ein Stück

Nein, die Wölfe wolln nicht jagen
Nehmen schwache Kälbchen sich
Es ist hart in diesen Tagen
Sehr viel Kraft fehlt da zum Jagen
Winterzeit ist fürchterlich

Doch die Herde zieht schon weiter
Nichts hält sie an einem Ort
Ausgemergelt ihre Leiber
Und die Tiere ziehen weiter
Und sind längst schon wieder fort

Durch den Sturm und durch die Lande
Führt ihr Weg von See zu See
Mancher Wolf wacht da am Rande
Tod, Verderben auch im Sande
Und manch Spur verwischt im Schnee

Späte Heimkehr

Es steht ein Haus am Waldesrande
Und es fällt Schnee so weiß und sacht
Gar friedlich liegt dies deutsche Lande
Gar friedlich ist der Tag, die Nacht

Ihr Name ist Frau Martha Krause
Ihr Mann, der Kurt, zog in den Krieg
Nie kam er von der Front nach Hause
Und Martha hofft lang auf den Sieg

So viele Jahre sind vergangen
Der Krieg, das Sterben – alles aus
Sie hat mit Kurt sich gut verstanden
Vor vielen Jahrn in diesem Haus

Sie steht am Fenster, schaut zum Walde
Ob Kurt den Weg zum Haus noch find'
Er wird wohl kommen, ziemlich balde
Und in den Bäumen spielt der Wind

Der Schnee türmt auf sich um das Häuschen
Und Martha wird es ziemlich flau
Vorm Ofen piepst ein kleines Mäuschen
Und draußen wird es kalt und grau

Da stapft durchs wüste Schneegestöber
Ein junger Mann bis vor das Haus
In Uniform und Stiefelleder
Schaut er wie ein Soldat wohl aus

Er starrt zum Fenster und zu Martha
Die schiebt leis die Gardine fort
Sie hat wohl Tränen unterm Haar da
Und beide sprechen nicht ein Wort

Sie nimmt die Feldpostbriefe an sich
Die von der Front ihr Kurt einst schrieb
Und fühlt sich leicht und gar nicht grantig
Und hat den Kurt noch immer lieb

Sie geht hinaus zu jenem Manne
Der küsst sie sacht auf ihre Stirn
Der Schneesturm tobt durchs deutsche Lande
Und kann doch gar nichts mehr zerstörn

Die beiden stapfen bis zum Walde
Und Schnee hüllt sie wien Schleier ein
Kurt war gekommen, ziemlich balde
Und beide wollen endlich heim

Es wacht ein Haus am Waldesrande
Und es fällt Schnee so weich und sacht
Und friedlich ists im deutschen Lande
Und Martha hat sich aufgemacht

Alte Frau

Sie denkt sehr selten nur an Morgen
Die alte Frau ist ohne Sorgen
Sitzt auf der Bank, vorm Haus, im Tal
Und es ist Frühling
Wieder mal

Im Sommer ziehts die Frau zum Garten
Sie will jetzt nicht mehr länger warten
Die Rosen und die Nelken blühn
Sie will nochmal im Tanz sich drehn

Der Herbst zieht ein, die Blätter fallen
Auch Vogelstimmen kaum noch hallen
Die alte Frau ruht sich nun aus
Und Nebel ziehen um ihr Haus

Die alte Frau ist alt geworden
Und jenes Jahr scheint fast gestorben
Der Winter längst am Fenster leckt
Die Bank vorm Haus
Von Schnee bedeckt

Alter Mann

Es ist so still um ihn
So still
Der alte Mann sitzt schweigend da
Er weiß genau, was er noch will
Doch er sitzt da und ist nur still
Und denkt vielleicht, wies damals war

Vielleicht erinnert er sich jetzt
An jene Zeit, als er noch jung
Und plötzlich scheint sein Aug benetzt
Woran erinnert er sich jetzt
An Liebe oder neuen Schwung

Er sagt es nicht
Er schweigt ganz still
Er räuspert sich nur einmal laut
Die Zeit vergeht auch ohne Ziel
Er weiß genau, was er jetzt will
Als er zum Fenster *heimlich* schaut

Nebel

Gedanken an die Zeit mit dir
Fort mit dem Nebel unsrer Zeit
Erinnerung an
Uns
Und
Wir
Und alles liegt so weit
So weit

Da war wohl Liebe
Irgendwann
Für ein Stück Weg
Es war mal so
Vielleicht ein Traum von
Frau und Mann
Dort, wo vom Wind
Manch' Wunsch
Verweht

Gern denk ich an die Zeit zurück
Sie ist vorbei
Wie
Du
Und
Ich
Es bleibt vom Leben
Nur ein
Stück
Ganz leise schwebt ein Wort:
Verzeih

Einsamer Bahnsteig
Irgendwo
Kein Mensch
Nur ich
Und dein Gesicht
Für ein Stück Weg
Es war mal so
Wohl hats der Nebel
Fortgewischt

Nebelschwaden

Die Zeiten sind so schnell vergangen
Sie jagen einfach so davon
So viele sind von uns gegangen
Und Ängste um manch' Ecke bangen
Und hoch vom Himmel tönt nur Hohn

Im Nebel bleiche Angesichter
Die Städte liegen einsam, leer
Auf jedem Friedhof Kerzenlichter
Längst sind sie tot, die guten Dichter
Im Hirn ists öde, traurig, schwer

Die Jungen rennen noch und schreien
Die wissen nichts von Einsamkeit
Die wollen nicht zuhause bleiben
Die können noch nicht frieren, leiden
Die Jugend kennt noch keine Zeit

Doch ziehen Nebel träg, behände
Durch die Straßen jeder Stadt
Sie lähmen jeden, alle Hände
Verbreiten sich bald im Gelände
Dort, wo es niemals Hoffnung hat

Sie packen dich in Herz und Seele
Sie töten uns, bevor man lebt
Sie trocknen aus so manche Kehle
Sie trauern nicht, weil ich mich quäle
Weil tief in uns das Alte klebt

Gar stärker schon manch' Nebelschwaden
Längst wabern sie ums Heimateck
Sie haben sich nicht eingeladen
Weil sie nie was zu geben haben
Sie legen sich auf jeden Dreck

Sie bringen trügerische Irre
Still legen sie sich auf die Zeit
Sie bringen Kälte, Abschied, Dürre
Sie machen alles Leben kirre
Sie schweigen stets in Dunkelheit

Trotz Nebel steht die Zeit nicht stille
Manch´ ein Gesicht bleibt ewiglich
Da ist noch Hoffnung
Ist noch Wille
Nein, niemals bleibt die Nebelstille
Ist dies Leben
Trügerisch
?